LE DEVOIR

COMÉDIE EN TROIS ACTES

EN VERS

Par François MUSSAT

PROFESSEUR DE PHILOSOPHIE AU LYCÉE D'AUCH.

AUCH

IMPRIMERIE ET LITHOGRAPHIE FÉLIX FOIX, RUE BALGUERIE.

1872.

LE DEVOIR

COMÉDIE EN TROIS ACTES

EN VERS

Par François MUSSAT

PROFESSEUR DE PHILOSOPHIE AU LYCÉE D'AUCH.

PRÉFACE.

Peut-être est-il téméraire d'offrir au public une pièce de théâtre qui n'a pas eu les honneurs de la représentation. Celle-ci ose paraître sans être recommandée par un succès éclatant, ou même par un peu de bruit. Après une vaine tentative pour la faire jouer sur l'une des principales scènes de Paris, j'ai dû m'apercevoir que je n'ai ni l'habileté ni le genre de courage nécessaire pour surmonter les obstacles de toutes sortes qui encombrent les abords des théâtres.

Ma pièce a des défauts que je suis le premier à reconnaître. Vaut-elle moins, en somme, que beaucoup d'autres qui attirent chaque jour la foule, et qui enrichissent rapidement leurs auteurs? C'est au lecteur à en juger. Quant à moi, je n'admets pas que le succès légitime les moyens; et, si l'on ne peut réussir qu'en flattant les passions et les goûts du public, je préfère à la fortune une honorable pauvreté.

Cet ouvrage doit son origine à nos malheurs: inspiré par le patriotisme, il mérite au moins l'indulgence. J'ai eu la naïve ambition de contribuer à la régénération de notre pays, en essayant de relever les caractères, et en montrant ce que peut le travail et l'amour de la patrie. Il y a des gens qui trouveront cette prétention ridicule; je n'en ai aucun souci. Les causes de notre abaissement sont plutôt morales que physiques : c'est un devoir pour chaque citoyen de réagir contre elles, et d'apporter son humble pierre à la reconstruction.

Mon héros n'est pas parfait; tombé d'abord très bas, il se relève par des ressorts puissants, qui restent cachés dans bien des âmes. S'il avait beaucoup d'imitateurs, je suis persuadé que la France aurait vite repris son rang dans le monde, et que la question sociale serait bien près d'être résolue. Ne ferait-il qu'une seule conversion, je me croirais trop récompensé de mon travail.

LE DEVOIR.

PERSONNAGES :

ALBERT DE LA NOUE.

LE MARQUIS DE LA NOUE, son oncle.

ARTHUR DE LA GARETTE,
GEORGES DES BIFOURS, . } gandins.

DELORME, peintre.

ROSSIGNAC, homme de lettres.

FERRIÈRES, journaliste.

THIBAUT, domestique d'Albert de La Noue.

MARTIN, ouvrier mécanicien.

CHARLOT, domestique du Marquis de La Noue.

MARIETTE, ouvrière.

Mme DE KERGUÉLEN, veuve d'un amiral.

MARGUERITE, sa fille.

———

La scène se passe à Paris, en 1871, dans une maison du quartier de Belleville.

ACTE I.

(Un cabinet de travail dans l'appartement d'Albert de Lanoue. — Deux
des côtés sont occupés par une bibliothéque. — Au milieu une table
chargée de livres.)

—

SCÈNE I.

ALBERT DE LA NOUE,—THIBAUT (un panier à la main).

ALBERT.

C'est une femme âgée, infirme, et très-souffrante.
Ne va pas oublier le numéro — cinquante —
M'as-tu compris, Thibaut?

THIBAUT.

Je n'entends rien du tout.
Mon esprit court les champs, et je dors tout debout.
Vous avez dit, Monsieur?...

ALBERT.

Tu me parais malade.
Ah! je vois ce que c'est, mon pauvre camarade.
Pris en flagrant délit, pourrais-tu le nier?
Tu ne dors pas ton soûl. — Donne-moi le panier.
J'irai porter moi-même à cette bonne vieille...

THIBAUT.

Ah! Monsieur, c'est trop fort. Enfin je me réveille!
Quoi! vous iriez vous-même, un panier sous le bras,
Dans la rue, en plein jour,— vous, Monsieur?

ALBERT.

Est-ce déshonorant? Pourquoi pas?

THIBAUT.

Le comte de La Noue,
Comme un saute-ruisseau, pataugeant dans la boue,
Tandis que son valet, les pieds sur un tapis,
Assis près d'un bon feu, se dorlote au logis!

ALBERT.

Thibaut, je ne crois pas manquer à ma noblesse,
En allant secourir le pauvre en sa détresse.
Pour moi le cœur est tout, la naissance n'est rien :
Le plus noble est celui qui fait le plus de bien.

THIBAUT.

C'est un beau sentiment, conforme à la nature :
Mais je ne sais pourquoi ma conscience murmure.
Il me semble, Monsieur, en toute humilité,
Que la noblesse oblige à plus de dignité.
Respectez vos aïeux. Feu Monsieur votre père
Ne rougirait-il pas de honte et de colère,
S'il voyait, de ses yeux, l'héritier de son nom,
Jusqu'à me remplacer, oublier son blason ?

ALBERT.

Il nous voit, mon ami. Du sein de la lumière,
Abaissant ses regards sur notre pauvre terre,
Il sourit, j'en suis sûr, de notre vanité.
Et sans être troublé dans sa félicité,
Son esprit, inondé des splendeurs éternelles,
Contemple avec pitié les fureurs criminelles,
Et les combats sanglants de ces êtres d'un jour,
Qui devraient s'entr'aider l'un l'autre avec amour :
Ici la soif de l'or, l'orgueil de la naissance,
L'ardente ambition, le faste, l'insolence,
Et les corruptions de la science et de l'art;
Ailleurs la sombre envie, au farouche regard,
L'ignorance, l'erreur, et la haine sauvage,
Des instincts les plus bas le hideux assemblage,
Les rêves insensés, et le nivellement
De toutes les grandeurs, vertu, gloire, talent.
Quand la France meurtrie est au bord de l'abîme,
Qu'il faut pour la sauver une vertu sublime,
Que parles-tu d'aïeux, de rang, de dignité ?
Si nous vivons encor, c'est par la charité.

THIBAUT.

Monsieur, je vous comprends, grâce aux veilles savantes
Qui m'ont ouvert l'esprit. Dans les heures trop lentes
Des longues nuits d'hiver, où parfois jusqu'au jour
De mon maître attardé j'attendais le retour,
Je lisais un bouquin de morale ou d'histoire.
D'abord, à mes débuts, ce n'était qu'un grimoire;
Mais je tuais le temps. En Breton obstiné,
— Et Breton bretonnant — depuis que je suis né,
Quand je loge une idée en ma dure cervelle,
Elle n'en sort jamais. — Une clarté nouvelle
Soudain me révéla tout un monde inconnu.
La science me tenta comme un fruit défendu.
Je voulus mordre à tout.

ALBERT.

Même à la politique.

THIBAUT.

Monsieur, ne raillez pas votre vieux domestique.
Mon esprit curieux pouvait bien absorber,
Mais le plus difficile était de digérer.
Bref, une fois lancé, je me donnai carrière;
Votre bibliothèque y passa tout entière.
Je ne fus pas savant; mais l'ennui de veiller
N'usa plus ma mâchoire à force de bâiller.
Avec les grands penseurs, les hommes de génie,
Je passais la soirée en bonne compagnie.
Si votre serviteur est devenu pédant,
Supportez-le, Monsieur, vous êtes indulgent.

ALBERT.

Ah! tu vaux mieux que moi. Tandis que dans l'orgie
Et les plaisirs grossiers je gaspillais ma vie,
Vers la terre courbé; toi, mon brave Thibaut,
Absorbé dans l'étude, et regardant plus haut,
Tu cultivais ton âme. — O ma folle jeunesse,
Si je te rattrapais! — Vains regrets! — La sagesse
Est un fruit bien tardif, et qui coûte trop cher,
Arrosé de nos pleurs, et toujours très-amer.

THIBAUT.

Je n'aime pas vous voir entamer ce chapitre.
Voyons, Monsieur le comte —

ALBERT.

                                            Ah ! laisse là ce titre !
Ne l'ai-je pas traîné dans la fange ? D'ailleurs,
Je ne veux plus te mettre au rang des serviteurs.

THIBAUT.

Je suis trop vert, Monsieur, pour avoir ma retraite.

ALBERT.

Thibaut, ta modestie est mauvaise interprète :
Il faut que nous soyons une paire d'amis.
Le veux-tu, vieux Thibaut ?

THIBAUT.

                                   Monsieur, s'il est permis
A l'humble serviteur d'être l'ami du maître
Qu'il sert depuis vingt ans et plus, qu'il a vu naître
Et porté dans ses bras ; pour qui, s'il le fallait,
Il mourrait de grand cœur, je le suis, en effet.
Mais qu'il ose jamais oublier la distance
Qu'impose le respect, c'est une outrecuidance
Qui n'entrera jamais dans son esprit.

ALBERT.

                                          Allons,
Voilà que tu reviens encore à tes moutons.

THIBAUT.

Laissez-moi vous gronder. J'ai la tête bretonne ;
Je voulais sermoner, il faut que je sermonne.

ALBERT.

Va, ne te gêne pas.

THIBAUT.

                         En tout bien, tout honneur,
Je dirai franchement ce que j'ai sur le cœur.
— Dès le matin, Monsieur, vous êtes à l'ouvrage,
Et vous veillez fort tard ; vraiment, ce n'est pas sage.
Travailler nuit et jour ! Qui pourrait y tenir ?
Déjà votre santé commence à dépérir.
Personne impunément ne brave la nature,
Et le proverbe dit : ménage ta monture
Si tu veux aller loin. Modérez votre ardeur.
Voulez-vous donc mourir ?

ALBERT.

                         Eh bien ! le beau malheur !

THIBAUT

Le vilain mot!

ALBERT.

Thibaut, il faut bien que j'expie
Par un rude travail les fautes de ma vie.

THIBAUT.

Mais pourquoi revenir toujours sur le passé?
En versant votre sang vous l'avez effacé.
Chacun avec respect contemple la blessure
Que vous avez reçue à travers la figure,
En défendant la France, et cette croix d'honneur,
Si belle, quand elle est lo prix de la valeur.

ALBERT.

Quelques gouttes de sang versé pour la patrie
Ne peuvent racheter dix ans d'ignominie.
Ah! mon ami, j'ai fait tant de mal!

THIBAUT.

                                    Et le bien
Que vous faites, Monsieur, le comptez-vous pour rien?
Vous suivez les leçons de votre sainte mère:
Sous les toits délabrés vous cherchez la misère,
Et, réparant du sort l'aveugle cruauté,
Vous sauvez de la mort la fière pauvreté.
Si tous ces grands braillards de la démagogie,
Qui font à bon marché de la philanthropie,
Ces apôtres menteurs de la fraternité,
Pratiquaient bonnement la simple charité,
Au lieu de débiter leurs creuses théories,
Et de nourrir le peuple avec des utopies,
M'est avis que le monde irait moins de travers,
Et qu'on ne verrait pas tant d'esprits à l'envers.
Tandis que ces docteurs, montés sur des échasses,
Avec des mots ronflants endoctrinent les masses,
Pervertissent le cœur, égarent la raison,
Et des systèmes faux distillent le poison,
Vous, aux déshérités vous portez l'espérance,
Calmez le désespoir, éclairez l'ignorance.
Ah! Monsieur, croyez-moi, vous pouvez désormais,
Après des jours si pleins, vous endormir en paix.
Si vous avez perdu la chaste fleur de l'âme,
Vous sortez du creuset, épuré par la flamme.
Relevez donc enfin votre front abattu:
L'innocence, après tout, vaut moins que la vertu.

ALBERT.

Je t'admire, Thibaut; tu parles comme un sage,
Et ta droite raison m'éclaire et m'encourage.
Je suivrai tes conseils. Toi, retiens bien ceci :
J'ordonne, et sur ce point je veux être obéi,
Qu'après avoir porté le poids de la journée,
Tu dormes, mon ami, la grasse matinée.

THIBAUT.

Mais qui donc le matin vous ferait votre feu?

ALBERT.

Oh! je sais me servir de mes mains.

THIBAUT.

Depuis peu.

ALBERT.

Pour les gandins la guerre est une bonne école.
Là, mettant de côté la vaine gloriole,
Pour sauver sa guenille il faut s'ingénier,
Laver, coudre, bâtir, faire plus d'un métier.
En campagne, j'appris à me servir moi-même.
La souffrance pour moi fut un nouveau baptême :
Je suis régénéré.

THIBAUT.

L'épreuve du malheur,
S'il savait l'accepter, rendrait l'homme meilleur.
Ah! si nous invoquions la main qui nous châtie;
Si, comme un feu sacré, l'amour de la patrie
Epurait tous les cœurs; si chaque citoyen
A l'intérêt public sacrifiait le sien;
Enfin si les Français, unis par l'espérance,
Ne formaient qu'un parti, le parti de la France,
Nous pourrions, sans bravade et sans dérision,
Nous appeler encor la grande nation..

ALBERT.

La France a remonté souvent, dans son histoire,
Du plus profond abîme à la plus haute gloire.
Ce brillant avenir, j'espère bien le voir.
En attendant, Thibaut, faisons notre devoir.
Puisque tu ne dors plus, va donc chez ma pauvresse.
Pour plus de sûreté, tiens, voilà son adresse.

(Thibaut sort.)

·SCÈNE II.

ALBERT (seul.)

Travail réparateur, je connais tes bienfaits;
Viens! dans mon cœur troublé fais descendre la paix!
De douces visions peuple ma solitude.
Le sentier du devoir est quelquefois bien rude;
Soutiens-moi dans la lutte où je suis engagé.
(On entend du bruit à la porte.)
— Qu'ai-je entendu? — Quel bruit! — Ah! je suis dérangé!

SCÈNE III.

ALBERT, — ARTHUR DE LA GARETTE, — GEORGES
DES BIFOURS, — DELORME.

ALBERT.

Messieurs, que signifie? —

LA GARETTE.

Eh! parbleu, ton Cerbère
Nous a montré les dents. Quels yeux! Quelle colère!
On eût dit que le monstre allait nous dévorer.

ALBERT.

Eh bien! que voulez-vous?

LA GARETTE.

Laisse-moi respirer.
Je suis brisé, moulu! — Dans un quartier sauvage,
De sinistre mémoire, au quatrième étage!

ALBERT.

Pour un petit-crevé, c'est un fort bel exploit.

LA GARETTE.

Tiens! peut-être je suis moins crevé qu'on ne croit.
Quelle course!

DES BIFOURS.

La fleur de l'aristocratie
Sur ce mont Aventin de la démocratie !
Par ma foi, c'est plaisant ; et pour te dénicher
Près du ciel, où ton vol est venu se percher,
Il a fallu courir bien longtemps.

DELORME.

Un voyage
Autour du pôle Nord !

DES BIFOURS.

Il faut moins de courage
Pour s'ouvrir un passage à travers les glaçons,
Que pour s'aventurer dans ces sombres maisons.

DELORME.

Conduits par le hasard dans cette île déserte,
Enfin nous avons fait la grande découverte !

ALBERT.

Vous avez trop d'esprit.

DELORME.

Enfin nous vous tenons,
Et ne vous lâchons plus.

ALBERT.

C'est ce que nous verrons.

LA GARETTE.

La Noue, est-ce bien toi ? — Quelle triste manie !
Pourquoi dans ce quartier venir cacher ta vie ?
(Albert donne des signes d'impatience.)

Mais tu prends avec nous des airs bien singuliers,
Et reçois tes amis comme des créanciers.

ALBERT.

Amis ? — Dites plutôt compagnons de folie,
Qu'assemble le hasard dans une nuit d'orgie.
L'amitié, le plus pur des sentiments humains,
Ne se rencontre pas dans les mauvais chemins.
Mais il ne tient qu'à vous, Messieurs, que je vous donne
Ce beau titre d'amis. — Au fond votre âme est bonne ;

Le vice, en l'atteignant, n'a flétri que la fleur;
De nobles sentiments dorment dans votre cœur.
Ces germes précieux n'attendent pour éclore
Qu'un rayon de soleil. Il en est temps encore :
Au lieu de vous vautrer dans les sentiers fangeux,
Faites un peu de bien, cherchez les malheureux.
Alors je presserai votre main dans la mienne;
Vous serez mes amis.

LA GARETTE.

Il prêche !

DES BIFOURS.

Quelle antienne
Vient-il nous chanter là ? — J'admire son aplomb !
Il pose en candidat pour un prix Monthyon.

DELORME.

C'est fort édifiant !

LA GARETTE.

Vraiment, de son histoire
S'il pouvait effacer quelque page un peu noire,
Il se croirait déjà dans le calendrier,
Et pour un petit saint il se ferait passer.

ALBERT.

Epuisez tous vos traits. Votre verve légère
Amplement contre moi peut se donner carrière :
Je sais que je n'ai pas le droit de me fâcher.
Mais mon indignité ne saurait m'empêcher
De donner des conseils. J'ai payé cher la science :
Si je pouvais, au prix de mon expérience,
Ramener vers le bien ceux qui sont égarés,
Faire aimer le travail aux riches désœuvrés,
Communiquer à tous cette mâle énergie
Dont nous avons besoin pour sauver la patrie,
Je me croirais enfin, par cet enseignement,
Moi-même relevé de mon abaissement.
Oui, Messieurs, croyez-moi, le travail purifie;
Il nous fait oublier, console et fortifie.
Consacrez vos loisirs à la science, à l'art :
Pour commencer à vivre il n'est jamais trop tard.
Oui, le travail est saint : dans ses eaux salutaires
Renouvelez vos cœurs, trempez vos caractères.
Pensez à la patrie !

LA GARETTE.

Allons, de mieux en mieux.

DES BIFOURS.

Il veut nous convertir.

LA GARETTE.

Mon cher, tu te fais vieux.

DES BIFOURS.

Non, mais il est ruiné.

LA GARETTE.

C'est un trait de lumière!

DES BIFOURS.

C'est le renard sans queue.

LA GARETTE.

Et! dis donc, l'homme austère,
Qui d'un air si béat nous prêches la vertu,
Quand tu roulais sur l'or, parle, que faisais-tu?

ALBERT.

Oh! je faisais alors ce qu'aujourd'hui vous faites.
Tandis que dans le jeu, les banquets et les fêtes,
Chaque jour vous jetez votre or à pleine main,
D'honnêtes ouvriers n'ont pas même du pain,
Et, dans leur désespoir, écoutent la misère,
Des coupables desseins sinistre conseillère.
Si l'aveugle fortune a ses enfants gâtés,
Comme toute marâtre, et ses déshérités,
Vous qui, dès le berceau, reçûtes ses caresses,
Et, sans les mériter, possédez les richesses,
Faites-vous pardonner cette injuste faveur,
En vous créant, Messieurs, des titres au bonheur.
Corrigez la fortune, et par la bienfaisance,
Entre le pauvre et vous effacez la distance.
Pour donner une part de votre superflu,
Vous n'avez pas besoin d'une grande vertu :
Ce devoir est si doux!

LA GARETTE.

Tu n'as plus rien à dire,
Grave prédicateur? — C'est à mourir de rire!
Parce qu'il n'a plus rien à mettre sous sa dent,
Il parle d'abstinence et de renoncement;

Après avoir mangé deux ou trois patrimoines,
Il veut que tous les gens vivent comme des moines;
Il prétend nous mener tout droit en paradis,
Et faisant maigre chère en son pauvre taudis,
Il réduit son prochain, ô sublime doctrine!
A la portion congrue!

DES BIFOURS.

Avec la discipline!

DELORME.

Cette plaisanterie a duré trop longtemps :
J'honore, quant à moi, les nobles sentiments;
Et si jusqu'à ce jour je n'ai pas été sage,
Je le dis hautement, c'est faute de courage.

LA GARETTE.

Avec ce cher La Noue, on peut bien plaisanter.
Pour lui, qu'est-ce, après tout? Un quart d'heure à passer.
Ce n'est point le renard qui prêche la morale.
Pour hériter à point, sa veine est sans égale :
Il a, nous le savons, de quoi se consoler,
Car il lui reste encor un oncle à dévorer.
Le bonhomme est, dit-on...

ALBERT.

Halte-là, je vous prie!
Quand j'étais seul en butte à votre raillerie,
J'ai dû courber la tête avec humilité;
Et je vous livre encor ma personnalité.
Mais je ne puis souffrir qu'une bouche étrangère
Prononce sans respect un nom que je révère..

LA GARETTE.

Je te trouve aujourd'hui de fort mauvaise humeur.

DES BIFOURS.

Il n'était pas ainsi dans ses jours de splendeur.

ALBERT.

Me direz-vous pourquoi, jusque dans la retraite
Que, pour ne plus vous voir, ici je me suis faite,
Où je m'efforce en vain d'oublier le passé,
Où pour vous j'étais mort, vous m'avez pourchassé?

LA GARETTE.

Dans ma chère villa, si propice au mystère,
Nous allons dans trois jours planter la crémaillère.

Ces maudits Prussiens avaient tout ravagé,
Incendié, pillé, renversé, saccagé :
Nous avons effacé les traces des Barbares;
Tout est remis à neuf. Les meubles les plus rares,
Les bronzes, les tableaux, les tapis somptueux,
Rien n'y manque. Voyons, quitte ce bouge affreux,
Qui nous a fait dresser les cheveux sur la tête,
Et viens faire avec nous les honneurs de la fête.
Nous voulons éclipser les bals de l'Opéra :
En costumes brillants, mon cher, on y verra
Les hautes sommités de la Chorégraphie,
Les Lettres et les Arts, même la Tragédie;
La valse emportera les couples enlacés,
Le cœur contre le cœur par l'orchestre bercés,
La Reine sans Etats, la Nymphe peu vêtue,
Qui, le sein palpitant, haletante, éperdue,
Dans un mol abandon, expirante pudeur,
Se pâme de plaisir dans les bras du danseur.
Laisse-toi donc tenter, mon zélé néophyte.
Comme un loup que la faim fait sortir de son gîte,
Se jette sur sa proie, et calme à coups de dents
De son jeûne forcé les âpres stimulants :
Viens te rassasier après ce long carême.
Ta mine fait pitié, ta face est toute blême;
Nous allons te refaire : après, si tu le veux,
Tu pourras de nouveau vivre comme un chartreux.

ALBERT (rêveur, à lui-même).

Je vois la main de Dieu dans ce désastre immense !

(Haut.)

Vous avez oublié, pauvres fous, que la France
Sur la gorge a toujours le pied de l'étranger;
Que ses propres enfants ont voulu l'égorger;
Qu'elle même a rouvert ses blessures saignantes;
Que les chemins de fer, dans ses ruines fumantes,
Vomissent chaque jour des flots de curieux;
Et qu'elle fait pitié, même à ses envieux!
Entendez les sanglots et les chants funéraires,
Pour les parents en deuil tristes anniversaires!
Partout de nos martyrs on recueille les os :
Faut-il donc que les morts sortent de leurs tombeaux?
Donnez, pour affranchir le sol de la patrie,
L'argent qu'à pleines mains vous jetez dans l'orgie.
Aujourd'hui l'égoïsme est un crime d'Etat :
Allons contribuer à l'Œuvre du Rachat.

LA GARETTE.

Le projet est fort beau. Mais avant qu'on se lance,
J'estime, quant à moi, qu'il faut de la prudence.

Il n'aboutira pas.

DES BIFOURS.

La Garette a raison :
C'est jeter son argent dans un gouffre sans fond.

ALBERT.

Les malheureux pays écrasés par la guerre,
Qui gémissent encor sous la horde étrangère,
Donnent des millions.

LA GARETTE.

Ce n'est pas étonnant.

ALBERT.

Et la raison, Monsieur ?

LA GARETTE.

Ces gens-là souffrent tant !

ALBERT.

Vous, vous ne souffrez pas : argument sans réplique,
Pour ne pas concourir au don patriotique.
Dans les malheurs publics ce cynisme effrayant
Peut servir de mesure à notre abaissement;
Vous me feriez douter du salut de la France,
Si je ne puisais pas plus haut mon espérance.
Devant la pourriture et l'égoïsme affreux,
Oui, je crois et j'espère, en regardant les cieux.
La France, en tous les temps, pour sortir de ses ruines,
A défaut des héros produit des héroïnes.

SCÈNE IV.

Les Mêmes, — FERRIÈRES (journaliste).

FERRIÈRES (à Albert.)

Vous êtes occupé ?

ALBERT.

Non, je perdais mon temps
A parler du devoir avec ces jeunes gens.

LA GARETTE.

Albert, on te verra?

ALBERT.

Prochainement, je pense.
J'irai vous relancer pour les *Femmes de France*.

SCÈNE V.

ALBERT, — FERRIÈRES.

FERRIÈRES.

Vous êtes fort monté, cher confrère.

ALBERT.

En effet.
Si j'étais resté froid, j'aurais beaucoup mieux fait.

FERRIÈRES.

Le Directeur voudrait, pour le mettre sous presse
Votre article.

ALBERT.

Il est prêt. J'ai tenu ma promesse.

FERRIÈRES.

Et vous l'avez signé?

ALBERT.

Sans doute. En doutiez-vous?

FERRIÈRES.

La critique n'est pas un métier des plus doux;
Vous allez contre vous déchaîner la tempête.

ALBERT.

Je le sais.

FERRIÈRES.

Mais alors...

ALBERT.

Je veux lui tenir tête.

FERRIÈRES.

Vous avez la main rude, et marchez droit au but.
Mais, croyez-moi, mon cher, — vous êtes au début,
Je suis un vétéran — la gent écrivassière
Est la plus irritable et la plus rancunière.
Tous ces petits auteurs, gonflés de vanité,
Qui vivent de scandale et d'immoralité,
Crîront haro sur vous. Ardente à la curée,
Avec ses crocs aigus, cette meute affamée
Va vous déchiqueter, pauvre cerf aux abois,
Et par ses hurlements étouffer votre voix.

ALBERT.

Eh bien ! Si je ne puis remporter la victoire,
Si, pour la vérité, victime expiatoire,
Je tombe sur la brèche en montant à l'assaut,
Du moins j'aurai l'honneur d'y planter mon drapeau !
Je suis toujours soldat; je brave la mitraille,
Et la Presse est pour moi comme un champ de bataille.
Nos plus grands ennemis ne sont pas nos vainqueurs :
Guerre aux vils écrivains qui corrompent les mœurs,
Industriels tarés, dont la plume vénale,
Poursuivant chaque jour sa besogne infernale,
Même après nos malheurs, distille le poison,
Altère le bon sens, le goût et la raison,
Discrédite la France, abaisse son Génie,
Et nous fait reculer jusqu'à la barbarie.
— La Critique elle-même, oubliant son devoir,
Au fouet de Némésis préfère l'encensoir.
Les juges, descendant au rôle de compères,
Font vivre quelques jours des œuvres éphémères :
Ces flatteurs attitrés, entremetteurs sans foi,
Fabriquent des succès de fort mauvais aloi;
Et, pour escalader le balcon d'une belle,
Ils prêtent leur échine, et font la courte échelle.
La belle est une caisse; on empoche l'argent,
On fait ripaille ensemble, et l'on boit en riant
Au bon public dupé, mais toujours assez riche
Pour payer grassement sur la foi d'une affiche.
— Quand le feu couve encor sous nos toits embrasés,
Faut-il, comme les Turcs, rester les bras croisés,
Et ne comptant jamais que sur la Providence
Attendre le Sauveur?

FERRIÈRES.

Au revoir ! Bonne chance !

(Il sort)

SCÈNE VI.

ALBERT, — THIBAUT.

ALBERT.

Quoi ! déjà de retour ?

THIBAUT.

J'ai fait vos commissions,
Et je reviens chargé de bénédictions.

ALBERT.

Eh bien ! repose-toi.

THIBAUT.

Bah ! ce n'est pas la peine.
Je suis frais et dispos; vous m'avez mis en veine,
Et je pourrais trotter tout le jour dans Paris,
Car j'ai le cœur content quand je rentre au logis.

SCÈNE VII.

ALBERT, — Mme DE KERGUÉLEN, — MARGUERITE.

Mme DE KERGUÉLEN.

Les dames aux Messieurs maintenant font visite.
Vous devinez le but...

ALBERT.

J'ai compris tout de suite :
Car sans être indiscret, Mesdames, je savais
Qu'à la moisson du bien vous ne manquez jamais.

Mme DE KERGUÉLEN.

Les femmes au grand cœur d'Alsace et de Lorraine
Nous montrent le chemin.

ALBERT.

Si notre histoire est pleine
Des traits de dévouement par la femme accomplis,
L'exemple vint souvent de ces nobles pays.

C'est d'un hameau Lorrain qu'une vierge héroïque
Sortit pour accomplir l'œuvre patriotique,
Et marchant devant elle au plus fort du danger,
Suscita des héros, et chassa l'étranger.
Nous devons espérer, puisque la Providence
A remis en vos mains la cause de la France.

MARGUERITE.

Vous décernez trop tôt le prix du dévouement.
Du moins notre début est fort encourageant :
Nous pouvons épargner tous nos frais d'éloquence,
Car ici le terrain est préparé d'avance.

ALBERT.

Oui, je vous attendais.

(Il entre dans une pièce à côté.)

MARGUERITE.

C'est un cœur généreux.

Mme DE KERGUÉLEN.

Tu te hâtes beaucoup, ma fille.

MARGUERITE.

Non, je veux
Croire toujours au bien, quand j'en vois l'apparence.

Mme DE KERGUÉLEN.

Le désenchantement suit souvent l'espérance.

ALBERT (revenant).

Je voudrais faire plus; mais, hélas! vains regrets!
Ma folie a tari la source des bienfaits.

Mme DE KERGUÉLEN.

Mais c'est fort bien, Monsieur! Que le ciel vous bénisse!
Si tous les riches font un pareil sacrifice,
Au prix des vains plaisirs, nous serons délivrés
De ces durs ennemis qui souillent nos foyers;
Nous vous remercions au nom de la Patrie.
— Dans ce pauvre quartier nous cachons notre vie.
Quoique nous demeurions sur le même palier,
Et qu'on monte chez nous par le même escalier,
Nous n'avons pas encor l'honneur de vous connaître;
Et comme nous avons des comptes à remettre,
Qu'il faut au Livre d'or inscrire votre don....

MARGUERITE.

Monsieur n'a pas besoin de décliner son nom,
Je saurai bien l'écrire.

Mme DE KERGUÉLEN.

Ah ! petite sournoise,
Tu le connaissais donc ?

MARGUERITE.

Si tu me cherches noise,
Je t'en dirai plus long ; car sous les mêmes toits
Nous nous sommes trouvés en face une autre fois.
Les pauvres m'ont appris dans leur reconnaissance....

ALBERT.

L'ange de charité qui m'a fait concurrence
L'autre jour, c'était vous ! — Pour calmer la douleur,
Mieux que moi vous savez le chemin de leur cœur :
Sous un voile jaloux cachant votre visage,
Vous ne pouviez cacher la grâce du langage,
L'âme qui débordait, la céleste bonté....

MARGUERITE.

A faire un peu de bien, j'use ma liberté.
Ma mère le permet. Quand on est vieille fille,
On doit donner sa vie à la grande famille.

ALBERT.

Je ne suis pas galant. Je réussis fort mal
A tourner avec art un compliment banal.
Contre ce vilain mot je proteste en silence.

MARGUERITE.

Faudrait-il vous montrer mon acte de naissance ?

ALBERT.

Je le récuserais.

Mme DE KERGUÉLEN.

Ma fille, en bavardant
Ne fait pas le reçu de votre versement.
C'est un titre d'honneur.

ALBERT.

Il n'est pas nécessaire.

MARGUERITE.

J'oubliais que je suis, maman, ton secrétaire.

Mme DE KERGUÉLEN.

(en voyant le nom d'Albert écrit par sa fille.)

Le comte de La Noue! — ô mon Dieu! — Votre nom
Me rappelle un passé... — N'êtes-vous pas Breton?

ALBERT.

Oui, Madame.

Mme DE KERGUÉLEN (à part).

C'est lui.

ALBERT.

Né dans le Finistère.

Mme DE KERGUÉLEN (à part).

C'est bien cela. (Haut.) Monsieur, j'ai connu votre mère.
Nous demeurions alors tout près de Chateaulin.

ALBERT.

Elle est au ciel, Madame, et je suis orphelin.

Mme DE KERGUÉLEN.

Pauvre enfant, je l'ai su. Mais je ne pensais guère,
Ici, dans ce quartier qu'habite la misère,
Vous retrouver un jour. — Et Monsieur le Marquis
Votre oncle?

ALBERT.

Il est vivant.

Mme DE KERGUÉLEN.

Habite-t-il Paris?

ALBERT.

Non, Madame, jamais il ne quitte ses terres;
C'est le type achevé des grands propriétaires;
Il cultive ses champs, élève des troupeaux,
Et remporte des prix aux concours régionaux.

Mme DE KERGUÉLEN (se levant).

Gardez-bien ce reçu. — Notre œuvre nous réclame.
Albert.... Vous permettez?...

ALBERT.

J'en suis heureux, Madame.

Mme DE KERGUÉLEN.

Au revoir, cher enfant; car nous nous reverrons.
De votre sainte mère alors nous causerons.

(Les dames sortent.)

SCÈNE VIII.

ALBERT, — DELORME.

(Albert vient de s'installer à sa table pour travailler, lorsque Delorme
entre brusquement).

ALBERT.

Encor ?

DELORME (avec enthousiasme).

Vous êtes grand comme les Pyramides !
Je viens de planter là mes compagnons stupides.
Disciple dévoué, je m'attache à vos pas,
Je marche dans votre ombre, et ne vous quitte pas.
Vous pouvez me pétrir comme une pâte molle;
Je suis à vous; je crois, maître, à votre parole.

ALBERT.

Bon ! le voilà timbré !

DELORME.

Non, je suis converti.
Un miracle, mon cher.

ALBERT.

Vraiment, j'en suis ravi.

DELORME.

J'ai quelque chose là.

ALBERT.

Parbleu ! c'est un miracle,
En effet. Expliquez le sens de cet oracle :
Pour un illuminé vous n'êtes pas très-clair.

DELORME.

Je suivais ces deux fous, pensif, le nez en l'air,

Ruminant vos discours. Tout à coup, ô merveille !
Il me vient une idée ! Et me grattant l'oreille,
Assez embarrassé de cet hôte nouveau,
Qui s'était fourvoyé dans mon pauvre cerveau,
Je m'arrête, j'hésite, et, m'armant de courage,
Je reviens tout courant. Maintenant, à l'ouvrage !
Travaillons.

ALBERT.

Mais à quoi, disciple trop fervent ?
Quelle idée a jailli de votre entendement ?

DELORME.

Elle est grande ! Formons une sainte alliance
Pour réformer les mœurs, et pour sauver la France.

ALBERT.

Réformons-nous d'abord.

DELORME.

Maître, la vérité
Parle par votre bouche. Oh ! j'ai déjà tenté —
Lorsque j'étais à sec. — Mais bah ! — Que faut-il faire
Pour se régénérer ?

ALBERT.

Justement le contraire
De ce que nous voyons chaque jour sous nos yeux.
(Delorme, distrait, s'approche de la bibliothèque et prend un volume,
qu'il se met à feuilleter.)
(A part)
Mais je suis le plus fou, de prendre au sérieux
Un caprice d'artiste, un feu de paille... — En somme,
Dans cet écervelé si je trouvais un homme ?
On voit de ces tours-là. Que risqué-je après tout ?
Ma foi, tant pis. Poussons l'épreuve jusqu'au bout.
(Haut).
Mais que faites-vous là ?

DELORME.

Je refais connaissance
Avec de vieux amis après ma longue absence.

ALBERT.

Et notre grand projet, est-il tombé dans l'eau ?

DELORME (revenant vers Albert).

Non, j'y reviens. Battons le fer quand il est chaud.

ALBERT.

Eh bien ! en ce moment je m'adresse à l'artiste :
Qu'avez-vous fait de l'art ?

DELORME.

Je suis un égoïste,
Une brute, un gredin, un monstre; et mon talent,
Je l'ai prostitué pour gagner de l'argent.

ALBERT.

Vous avez du talent : vous auriez du génie,
Si, portant ses regards par delà cette vie,
Votre âme contemplait l'immortelle beauté,
Rayonnement du bien et de la vérité.
Vous avez jusqu'ici reproduit sur la toile
La nature sans Dieu, la nudité sans voile.
Laissez-là, croyez-moi, ce procédé grossier,
Qui fait d'un art divin un vulgaire métier.

DELORME.

Oui, maître.

ALBERT.

Humble rival de la photographie,
Vous bornez votre gloire à l'exacte copie
De la nature inerte et du monde réel.
Pourquoi préférez-vous Callot à Raphaël ?
Mettez, comme les Grecs, de la beauté morale
Sur le visage humain la splendeur idéale.

DELORME.

Oui, maître.

ALBERT.

Et, tristement épris de la laideur,
N'exposez pas d'objets qui soulèvent le cœur :
Un gueux déguenillé que la vermine mange,
Et l'immonde pourceau qui se vautre en la fange;
Ou, chose pire encor, l'impure Volupté,
Du regard virginal souillant la chasteté.
D'un vieux livre, écoutez le récit légendaire :
— Dieu pétrit de ses mains le limon de la terre,
En fit le corps d'Adam; et s'arrêtant soudain,
Il contempla son œuvre, et dit : ce sera bien !
La statue était là, morne, froide, immobile;
L'esprit n'agitait pas cette masse d'argile,
Ouvrage merveilleux, mais encore imparfait ;
L'œil était sans regard, le cœur était muet.

Le divin créateur lui souffla sur la face :
Aussitôt un éclair illumina l'espace;
Le limon se fit homme : au souffle de l'esprit,
Le regard s'alluma, la lèvre s'entr'ouvrit,
Le cœur se mit à battre, et l'âme prisonnière,
Pour la transfigurer, s'unit à la matière.

DELORME (s'élançant vers la porte).

Oui, maître.

ALBERT.

Où courez-vous ?

DELORME (s'arrêtant).

Par la main du bourreau
Je m'en vas les brûler. (Il sort.)

ALBERT.

Ma foi, c'est du nouveau.

ACTE II.

(La même pièce qu'au premier acte.)

SCÈNE I.

ALBERT, — ROSSIGNAC, (homme de lettres).

ALBERT.

Je n'ai pas dépassé les droits de la critique,
Et je ne sais, Monsieur, quelle mouche vous pique.

ROSSIGNAC.

Vous ne rétractez rien?

ALBERT.

          J'ai dit la vérité,
Comme c'est mon devoir.

ROSSIGNAC.

          Votre témérité
Pourra vous coûter cher. Ceux qui font les offenses
Doivent en supporter, Monsieur, les conséquences.

ALBERT.

Alors, c'est un duel que vous me proposez ?

ROSSIGNAC.

Je suis charmé de voir que vous me comprenez :
Vous êtes au courant de ces sortes d'affaires ?

ALBERT.

Hélas! oui, beaucoup trop.

ROSSIGNAC.

Alors, les commentaires
Seraient hors de propos. Veuillez donc échanger
Avec moi, s'il vous plaît, un carré de papier.
Voici le mien.

ALBERT.

Merci. Pour un pareil usage,
Moi, je n'en porte plus.

ROSSIGNAC.

Précaution fort sage
Pour qui veut conserver sa précieuse peau.
On est homme d'esprit, on est jeune, on est beau.
Je conçois que la vie ait pour vous quelques charmes.
Mais si je vous laissais, Monsieur, le choix des armes ?
Je suis, vous le voyez, un homme accommodant.

ALBERT.

Autant que je le dois, je suis reconnaissant.

ROSSIGNAC.

Cela vous plairait donc ?

ALBERT.

Mais non, pas davantage.
Laissons là, croyez-moi, tout ce vain persifflage.
Je ne me battrai pas.

ROSSIGNAC.

Bon ! avec les dévots
On est toujours forcé d'en venir aux gros mots.
Lâche !

ALBERT.

Moi ? Vous riez. Regardez cette entaille,
Et ce ruban gagné sur les champs de bataille.
Vous... Ayez la pudeur de vous faire oublier.
Vous provoquez les gens : C'est un noble métier !
Mais où donc étiez-vous, Monsieur, pendant la guerre ?
Caché, comme un renard au fond de sa tanière,
Le lâche ne va pas où pleuvent les obus;
Lorsque la paix est faite, il insulte aux vaincus,
Et, fort bien conservé, reparaît dans le monde
Pour y faire admirer sa brillante faconde.
Vous qui portez si haut votre front orgueilleux,
Et sur le point d'honneur êtes si·chatouilleux,

Avez-vous entendu l'appel de la patrie,
Et pour elle cent fois exposé votre vie?
Votre place était là : c'est là qu'était l'honneur,
Comme il est entendu par les hommes de cœur.
Parlez, grand citoyen; montrez-nous vos services,
Et du fer ennemi les nobles cicatrices.
Ah ! vous êtes peut-être un brave spadassin,
Ou, pour dire le mot, un honnête assassin.
Depuis combien de temps fréquentez-vous la salle,
Où l'on va s'exercer à loger une balle
Dans la tête d'un homme; ou, d'un coup très savant,
A plonger une épée en son cœur palpitant ?
Enfin, si vous avez l'humeur si belliqueuse,
Gardez-la pour venger la France malheureuse.
Oh ! sur ce terrain-là je serai près de vous,
Et nous aurons quelqu'un pour juger de nos coups.
On verra de nous deux, alors, quel est le lâche;
En attendant, Monsieur, vous n'êtes qu'un bravache.

ROSSIGNAC.

Je ne suis pas venu pour entendre un sermon.

ALBERT.

Profitez-en toujours, si vous le trouvez bon.

ROSSIGNAC.

Cette affaire entre nous ne peut pas se débattre.
Nos témoins règleront...

ALBERT.

Je ne veux pas me battre.

ROSSIGNAC.

Mon noble damoiseau, je vous y forcerai.

ALBERT.

Vous, mon brave? Et comment ?

ROSSIGNAC.

Je vous appliquerai,
De ma main, en public, un soufflet sur la face.

ALBERT.

Fort bien : mais si jamais vous avez cette audace,
En ce cas, cher Monsieur, quoique je sois chrétien,
Je vous assommerai sur le champ, comme un chien.
Et vous devez connaître assez mon caractère...

ROSSIGNAC.

Je vous fais compliment : pour vous tirer d'affaire,
Vous avez su trouver un argument spécial.
Mais dans tous les journaux, par un procès-verbal,
Il sera constaté, mon petit gentillâtre...

ALBERT.

Que nous avons tous deux refusé de nous battre,
Moi contre vous, Monsieur, vous contre les Prussiens.

ROSSIGNAC.

Je poursuivrai mes droits.

ALBERT.

Réfléchissez aux miens.

SCÈNE II.

ALBERT, — THIBAUT.

THIBAUT.

(Pendant la scène précédente, il s'est tenu dans une pièce voisine, et a tout
vu par la porte entr'ouverte.)

Pardonnez-moi, Monsieur. Ce visage inconnu
M'inspirait des soupçons, et j'ai tout entendu.

ALBERT.

Et tu veillais sur moi?

THIBAUT.

Votre main, mon cher maître.

ALBERT.

Je comprends, mon ami.

THIBAUT.

Je vous admire.
(Il lui baise la main.)

ALBERT.

Ah ! traître !

SCÈNE III.

ALBERT, — MARTIN, ouvrier mécanicien, — (au commencement) THIBAUT.

MARTIN.

Salut! Fraternité! N'est-ce pas vous qu'on nomme
La Noue?

ALBERT.

Oui, c'est bien moi.

MARTIN.

Ci-devant gentilhomme.

THIBAUT.

Le comte de La Noue.
(Il sort.)

MARTIN.

Ah? — Biffez-moi ce nom :
Nous ne connaissons plus ni comte ni baron.

ALBERT.

Vous, vous êtes...

MARTIN.

Martin, et voilà votre bourse.

ALBERT.

Avez-vous, mon ami, trouvé quelque ressource?
Vous étiez malheureux.

MARTIN.

Et je le suis encor.

ALBERT.

Pourquoi donc refuser?

MARTIN.

Je méprise votre or.

ALBERT.

Vous êtes-vous du moins procuré de l'ouvrage?

MARTIN.

Non.

ALBERT.

Quel remède alors?

MARTIN.

Mourir avec courage.

ALBERT.

Mais votre pauvre femme et vos petits enfants?
Donnerez-vous la mort à ces chers innocents?

MARTIN.

Ils seront à l'abri de toutes les misères.
Notre état social en fait des prolétaires :
Ils mourront avec moi.

ALBERT.

Non, ils ne mourront pas.
Moi, je les sauverai. Si les rudes combats
Qui remplissent la vie épouvantent votre âme,
Désertez lâchement.

MARTIN.

Citoyen!

ALBERT.

Cette flamme,
Qu'un mot a fait jaillir de votre œil abattu,
Sous votre désespoir trahit votre vertu.
Vous ne commettrez pas ce crime abominable.

MARTIN.

C'est la société qui sera responsable.

ALBERT.

Non, le mal est le fruit de notre liberté :
Ne le rejetez pas sur la société.
Ah! sans doute, il n'est rien de parfait sur la terre;
Nous avons tous les jours quelques progrès à faire;
Des grands et des petits le sort n'est pas pareil :
Mais chacun peut se faire une place au soleil.

MARTIN.

L'ouvrier ne doit pas mendier un salaire.

ALBERT.

Le travail ennoblit, quand il est volontaire.
Le salaire n'est pas de la mendicité :
C'est le chemin qui mène à la propriété.

MARTIN.

C'est la Communauté qui possède et qui donne;
Le travail est un droit, ce n'est pas une aumône.

ALBERT.

Un droit? — Cela dépend. — Comment l'entendez-vous?

MARTIN.

Nous supprimons le *vol*. Tout appartient à tous
Indivisiblement. C'est l'Etat qui dispense
A chacun son travail avec sa récompense.
On passe le niveau sur les conditions,
Et de la ruche humaine on chasse les frelons.

ALBERT.

Mais pour la Liberté je ne vois pas de place...

MARTIN.

La Liberté? fantôme! On lui crache à la face.
Nous la connaissons trop : faite pour les heureux,
Elle a dans tous les temps trompé les malheureux.
Non! votre Liberté, pour nous c'est la famine,
C'est le droit de pourrir, rongés par la vermine,
Au fond d'un noir cachot. A bas la Liberté!
Nous n'avons qu'un seul cri : Vive l'Egalité!

ALBERT.

Oui, c'est la panacée universelle, unique,
Qui guérit tous les maux. Sur la place publique,
Aux badauds ébahis un pompeux charlatan
Toujours avec succès vante son orviétan.
Pauvre peuple égaré, voilà donc la chimère
Dont quelques songe-creux repaissent ta misère!
De la bêtise humaine exemple monstrueux,
Qui m'étonne toujours, quoiqu'il soit déjà vieux :
Par une inconséquence étrange et ridicule,
L'esprit-fort est souvent l'homme le plus crédule;
Pour une chose absurde il met sa main au feu;
Il croit aux charlatans : il ne croit pas à Dieu!

MARTIN.

Dieu? Nous l'avons biffé de notre dictionnaire!
Par un prêtre inventé pour effrayer la terre,
Et tenir asservis les peuples ignorants,
Ce vieil épouvantail est bon pour les enfants.

ALBERT.

J'entends l'écho des clubs. Leurs funestes doctrines,
Débordant sur la France, expliquent nos ruines.
Voilà ce qu'ils ont fait ces tribuns factieux,
Ces avocats sans cause, et ces ambitieux,
Qui, pour se goberger exploitant la souffrance,
Jettent les malheureux dans la désespérance,
Se servent de leurs bras, les poussent en avant,
Et, quand il faut mourir, se cachent lâchement.
Vous avez biffé Dieu! — Ce procédé facile
Vous rend-il plus heureux? Dormez-vous plus tranquille?
—Comment avez-vous pu, vous, homme intelligent,
Croire que l'Univers est sorti du néant?
Lorsque vous travaillez dans nos grandes usines,
Et voyez sous vos yeux fonctionner les machines,
Vous n'osez pas nier que le moteur puissant,
Sous votre faible main esclave obéissant,
Le merveilleux concours de ces mille rouages,
Qui s'adaptent si bien dans tous leurs engrenages,
Et transmettent la force en la multipliant,
Ont été combinés par un être pensant :
Mais le Monde, soumis à des lois immuables,
Dans l'espace infini les astres innombrables,
L'un l'autre se fuyant, sans jamais s'écarter,
L'un l'autre s'attirant, sans jamais se heurter,
Cette horloge des Cieux, savante mécanique,
Qui règle des soleils le concert harmonique,
Et dans l'Eternité n'est jamais en retard,
Est-ce un effet sans cause et l'œuvre du hasard?

MARTIN.

Je ne me charge pas d'expliquer toute chose :
A quoi bon remonter des effets à la cause?
Elle échappe à nos sens.

ALBERT.

Aveugle !

MARTIN.

                    Nos savants
Enregistrent les faits, quand ils sont évidents;

On ne sait rien de plus, le reste est un mystère.
Le soleil chaque jour éclaire la misère,
Et ramène la faim, les pleurs, le désespoir :
Pourquoi? Je n'en sais rien.

ALBERT.

      Vous voyez tout en noir :
Le malheur à vos yeux cache la Providence,
Et vous avez le cœur aigri par la souffrance.
Nous pourrions discuter ainsi jusqu'à demain.
Vous méprisez mon or : frère, voici ma main.

(Martin paraît ému, mais reste immobile.)

C'est une main loyale, et celui qui la presse
Ne l'appelle jamais en vain dans sa détresse.
Vous n'en rougirez pas : j'estime la fierté.
La vôtre !

MARTIN (avec timidité, sans lui tendre la main).

  Mais, Monsieur, je n'ai pas mérité...

ALBERT.

Vous êtes malheureux, il suffit; je vous aime.

MARTIN.

Vous ne pouvez aimer un homme qui blasphème,
Dont le cœur est rempli de haine, qui voudrait
Anéantir le monde et Dieu, s'il le pouvait.

ALBERT.

Non, je ne vous crois pas. Vous aimez votre femme;
Le sombre désespoir s'enfuira de votre âme,
Lorsque vous la verrez, rayonnante d'amour,
Accourant dans vos bras, fêter votre retour,
Heureuse du bonheur qu'on reçoit et qu'on donne,
Montrant avec orgueil ses bijoux, sa couronne
De beaux enfants, la joie et l'honneur du foyer.
Ce nid charmant déjà commence à gazouiller.
Jean a l'œil vif, ouvert; dans son naïf langage,
Il montre une raison au-dessus de son âge;
Ce garçon-là promet, vous serez fier de lui,
Et de votre vieillesse il deviendra l'appui.
Et la petite Jeanne, à la douce figure,
Comme elle porte bien sa blonde chevelure !
On dirait, à la voir, l'air grave et soucieux,
Essayer de sourire, un ange dont les yeux —
En se ressouvenant mon âme est attendrie —
Semblent rêver du ciel, sa première patrie.

MARTIN (très-ému).

Quoi! Vous savez leurs noms?

ALBERT.

Oui, de ces chers enfants
Je sais toute l'histoire; ils sont intéressants.
Hier, quand je visitai votre pauvre ménage,
Guidé par une Sœur, leur gentil babillage
Me charma fort longtemps. D'abord effarouchés,
Ils furent tous les deux bien vite apprivoisés.
Novice, je cherchai quelque jeu qui leur plaise;
Enfin de part et d'autre on se mit à son aise,
Et les charmants bébés, sur mes genoux assis,
Prêtaient avidement l'oreille à mes récits.
Tout à coup il me vint une pensée amère :
Ces enfants expiaient la faute de leur père.
Dans l'âge qui devrait ignorer la douleur,
Ils portent sur leurs traits l'empreinte du malheur.
— Mais que vois-je trembler au bord de vos paupières?
— Ah! laissez-les couler ces larmes salutaires!

(Il presse Martin dans ses bras.)

MARTIN (lui rendant son étreinte).

Je sens un cœur ami battre contre le mien.
Enfin je peux pleurer; cela me fait du bien.

ALBERT.

Oui, vous êtes sauvé.

MARTIN.

Mon bienfaiteur, mon frère!
Je ne poursuivrai plus une vaine chimère;
Je commence à voir clair.

ALBERT.

Pour gagner le bonheur
Vous allez travailler?

MARTIN.

Oh! oui, de tout mon cœur.

ALBERT.

Bien. Dans un atelier vous aurez de l'ouvrage :
Je me charge de tout.

MARTIN.

Merci! J'ai du courage,
Vous verrez. Je revis, j'espère.

ALBERT.

En attendant
Que l'épargne suffise, acceptez cet argent.
(Il lui montre la bourse.)

MARTIN.

Une aumône ! — Jamais.

ALBERT.

Non, ce n'est qu'une avance.
Vous ne pouvez nourrir vos enfants d'espérance ;
Il faut manger d'abord. Vous me rembourserez,
Intraitable garçon, plus tard, quand vous pourrez.

MARTIN.

Allons, je suis vaincu ! Votre délicatesse
Me réduit au silence. Adieu, le temps me presse ;
La faim est au logis. — Si jamais le gredin
Qui me poussait au mal se trouve en mon chemin,
Je vous l'étrillerai !

ALBERT.

La leçon serait bonne.
Mais tâchons de bien faire, et n'étrillons personne.

MARTIN.

Je ne suis pas ingrat. A mon tour, si je peux...

ALBERT.

Pour me récompenser, ami, soyez heureux !

SCÈNE IV.

ALBERT, — LE MARQUIS DE LA NOUE.

(Albert, après le départ de l'ouvrier, va prendre un livre à sa bibliothèque, et se dispose à travailler. La porte s'ouvre, et le marquis de La
Noue entre.)

LE MARQUIS (se laissant tomber dans un fauteuil).

Ouf ! le souffle me manque, et je suis tout en nage !
Morbleu, l'ascension est rude pour mon âge.

ALBERT (se précipitant vers lui, les bras ouverts).

Mon oncle! Mon cher oncle!

LE MARQUIS.

              Halte-là, mon neveu !
Vous êtes trop ardent. Modérez votre feu.
Nous allons, s'il vous plaît, causer comme des hommes,
Faire notre bilan, et voir où nous en sommes.
— Vous n'avez plus que moi, par droit de parenté,
Qui puisse vous parler avec autorité. —

ALBERT.

J'écoute avec respect votre parole austère,
Et vous êtes pour moi, Monsieur, un second père.

LE MARQUIS.

Plus tard, nous verrons bien. Pas d'attendrissement.
Nous allons commencer par le commencement.
— Vous avez dissipé les biens de votre père;
— Vous avez fait mourir de chagrin votre mère.

ALBERT.

Ah! vous êtes cruel!

LE MARQUIS.

             Je le suis, en effet;
J'applique le fer chaud.

ALBERT.

          Le remords suffisait.

LE MARQUIS.

Continuons. — Leur cendre à peine refroidie,
Vous vous êtes plongé, sans pudeur, dans l'orgie;
Enfin, pour assouvir d'ignobles passions,
Vous avez dévoré deux ou trois millions.
C'est un joli denier. A ce train-là, mon maître,
Vous pourrez bien finir par aller à Bicêtre.

ALBERT.

Sur mes yeux la fortune avait mis son bandeau;
Ma folie est passée; en me jetant à l'eau,
J'ai trouvé la raison, je suis devenu sage.

LE MARQUIS.

Parbleu, je le crois bien — jusqu'à mon héritage!

Vous comptez sur ma mort; mais, chasseur imprudent,
Ne vendez pas la peau de l'ours encor vivant.
— Avec un pieux respect je garde mes domaines :
Ce n'est pas, beau neveu, pour payer vos fredaines.
— Champs que j'ai défrichés, pacages plantureux,
Fermes d'un seul tenant, eaux vives, parc ombreux,
Vieilles tours, fier donjon, monuments de l'histoire,
Legs sacré des aïeux, un jour la bande noire
Sur vous s'abattrait donc, pour vous mettre en lambeaux,
Comme sur les corps morts s'abattent les corbeaux !
Mais, fort heureusement, nous avons des notaires,
Et du papier timbré, pour régler nos affaires.

ALBERT.

Mon oncle, vous tenez, par votre testament,
Suspendu sur ma tête un dernier châtiment.
Vous pouvez disposer de vos biens, mais j'espère
Que vous exaucerez mon unique prière.
Recevez dans vos bras votre fils repentant,
Revenu pour toujours de son égarement;
Rendez-moi votre cœur, et que la voix d'un père
Laisse tomber sur moi le pardon salutaire!

LE MARQUIS.

Oh! nous avons le temps. L'arrêt n'est pas porté.

(A part.)

Si pourtant le coquin disait la vérité?
Je sens que je m'efforce en vain d'être sévère,
Et j'ai toujours pour lui des entrailles de père.
Moi Géronte! Allons donc!

(Haut.)

       Corbleu, le traquenard
Est assez mal tendu pour prendre un vieux renard.
Vous m'avez cru sans doute un bonhomme crédule,
Type traditionnel de l'oncle ridicule :
Détrompez-vous. Si l'âge a pu rider mon front,
Il n'a pas, que je sache, affaibli ma raison;
Et je vais vous prouver, en poursuivant ma tâche,
Que votre oncle n'est pas encore .. une ganache!
— Où donc en étions-nous? — J'y suis. Votre passif
Est connu : qu'avez-vous à mettre à votre actif?

ALBERT.

Plus de mal que de bien.

LE MARQUIS.

       Oh! le bel artifice!
Ne parlons plus du mal : citez un sacrifice.
Pas de contes surtout.

ALBERT.

Puisque votre équité
Ne me condamne pas sans m'avoir écouté :
J'ai servi mon pays dans la fatale guerre,
Et j'ai fait mon devoir.

LE MARQUIS.

Parbleu, la belle affaire !
C'est tout simple, cela. Rayez. Si par hasard
Vous vous étiez caché, vous seriez un bâtard,
Et le premier poltron, Monsieur, de notre race.
Un La Noue est toujours décoré sur la face.
Voyez mes cheveux blancs. A l'heure du danger,
Pensez-vous que j'étais assis à mon foyer,
Ou que je débitais, prodigue de ma langue,
Aux braves qui partaient une chaude harangue ?

ALBERT.

Mon oncle ! —

LE MARQUIS.

Taisez-vous. Il s'agit bien de moi !
Nous n'avons fait tous deux qu'obéir à la loi
Qui veut que tout Français combatte pour la France,
Quand elle est envahie. — Allons, dans la balance
Mettez quelque mérite et plus neuf et plus grand.

ALBERT.

Par ma foi, ce début n'est pas encourageant.
Eh bien, je vais citer un fait plus méritoire :
J'ai sur mes passions remporté la victoire.

LE MARQUIS.

Je deviens curieux. Comment avez-vous fait ?

ALBERT.

J'ai souffert, j'ai pensé : voilà tout le secret.

LE MARQUIS.

Corbleu, c'est bientôt dit, mais par trop laconique :
Contez-moi plus au long cette action héroïque.

ALBERT.

Quand la France a fléchi sous le poids du malheur,
Pour la première fois, interrogeant mon cœur,
J'ai su combien j'aimais cette chère patrie.
Toute autre passion était évanouie.

J'ai trouvé pour moi-même, en y réfléchissant,
Dans notre grand désastre un grand enseignement.
J'ai compris qu'il fallait un effort magnanime,
Et le secours d'en haut pour sortir de l'abîme;
Que chacun, sans attendre un exemple éclatant,
A l'œuvre du salut devait son dévouement.
Brisant tous les liens qui m'attachaient au vice,
J'ai dompté la nature, et fait mon sacrifice;
Et je suis, mon cher oncle...

LE MARQUIS.

Achève, cher vaurien.

ALBERT.

Revenu simplement à la foi du chrétien.

LE MARQUIS.

(A part.)
Cet accent, ce regard — amour de la patrie,
En miracles fécond, flamme qui purifie ! —
Oh ! Je ne doute plus. —

(Haut)
Cher enfant, dans mes bras !
Je te retrouve enfin. — Nous tûrons le veau gras.

SCÈNE V.

ALBERT, — LE MARQUIS, — MARIETTE.

MARIETTE (sans voir le marquis).

Albert, je te revois !

(L'apercevant.)
Oh ! mon Dieu !

ALBERT.

Mariette !

LE MARQUIS.

C'est un coup de théâtre imprévu. — La pauvrette !

Elle est toute tremblante! Allons, rassurez-vous;
Je ne veux pas troubler ce charmant rendez-vous.
    (A Albert)
Je vous fais compliment. Corbleu! sous sa mantille,
La petite Espagnole est vraiment fort gentille!
— Vous le voyez, Monsieur, je garde mon sang-froid.

ALBERT.

Je jure sur l'honneur...

LE MARQUIS.

En avez-vous le droit?

ALBERT.

Je n'ai jamais menti. Daignez au moins m'entendre.

LE MARQUIS.

Deux fois au même piége on ne peut pas me prendre.

ALBERT.

Je vous le dis encor, Monsieur, je suis chrétien.

LE MARQUIS.

Je vous le dis encor, Monsieur, je n'en crois rien.

           (Il sort.)

SCÈNE VI.

ALBERT, — MARIETTE.

MARIETTE.

Enfin! — A quelle honte il m'a fallu soumettre!
Le cœur me bat encor. J'ai peine à me remettre.
Mais, regarde-moi donc, mon Albert. — Pas ainsi!
Dans les yeux!

ALBERT.

Pauvre enfant, qui cherchez-vous ici?

MARIETTE.

Vous? — Que ce mot est froid! La pauvre Mariette,
N'écoutant que son cœur, serait-elle indiscrète?

Qui je cherche, méchant? C'est toi, mon bien-aimé,
Toi que j'avais cru mort, toi que j'ai tant pleuré!

ALBERT.

Je suis mort, en effet, pour vous, chère Marie.
Il nous faut au devoir immoler notre vie.

MARIETTE.

Que dites-vous, grand Dieu? — Vous êtes marié.

ALBERT.

Non, mais un nouvel homme —

MARIETTE.

Albert, pas de pitié!
Les femmes, dans l'amour, sont toujours les victimes;
Dites la vérité. Le plus lâche des crimes
Ce n'est pas l'abandon. — Parlez, au nom de Dieu,
Et ne me faites pas mourir à petit feu.

ALBERT.

Ah! pour un tel combat je manque de courage.
Que ne suis-je tombé dans les champs du carnage!
La mort m'eût consacré dans votre souvenir;
Vous m'auriez regretté, vous allez me haïr.
Nous devons nous quitter, ma bonne Mariette.

MARIETTE.

J'aurais dû le prévoir. C'est ainsi qu'on rejette
Une fille séduite, après son déshonneur.
On lui laisse la honte en lui brisant le cœur.
Ah! Je viens de sentir que ma chute est profonde!
Je vois! de sa clarté la vérité m'inonde:
J'étais un passe-temps pour cet homme, un jouet
Que l'amour jette là, quand il est satisfait.
Je ne suis désormais qu'une femme perdue,
Que chacun a le droit d'insulter dans la rue.
Pour moi la société réserve sa rigueur:
Lui, de mon désespoir il va se faire honneur.

ALBERT.

Suis-je donc assez vil pour trahir une femme?
Comme un dépôt sacré je garde dans mon âme
De nos tristes amours le secret douloureux:
Je ne triomphe pas, je souffre pour nous deux.
Si le monde a pour moi l'indulgence d'un père,
Je trouve dans mon cœur un juge plus sévère.

Ah ! pour vous épargner cette amère douleur,
Je donnerais mon sang.

MARIETTE.

Vivez pour le bonheur !
J'irai cacher ma honte. — Une femme flétrie
Ne doit pas être aimée.

ALBERT.

Ecoutez-moi, Marie.

MARIETTE.

Pourquoi vous écouter? Je ne vous croirai pas.

ALBERT.

C'en est trop, ô mon Dieu ! Suis-je tombé si bas
Que personne aujourd'hui ne croit à ma parole?
Ma jeunesse, il est vrai, fut criminelle et folle;
Mais on ne peut pas dire, au moins, que j'ai menti.
Je vous aime toujours, Mariette, en ami.

MARIETTE.

Oui, comme on peut aimer la pauvre créature
A qui l'on fait l'aumône. Ah ! Monsieur, cette injure...

ALBERT.

Non, je n'ai pas pour vous une indigne pitié,
Mais le pur dévouement d'une sainte amitié.
Tous les deux épurés par cette chaste flamme,
Nous nous relèverons. Du courage ! Une femme
Qui porte dans son sein un désir infini,
Quand elle a succombé dans un moment d'oubli,
Ne tombe pas ainsi, tout à coup, dans la fange.
Qui pourrait éviter, à moins que d'être un ange,
La surprise des sens après celle du cœur,
Lorsque la passion parle avec tant d'ardeur?
Le monde, chère enfant, ne flétrit que le vice,
Et l'on peut s'arrêter au bord du précipice.
Je vous estime, moi. — Dans nos doux entretiens,
Où vos regards émus se noyaient dans les miens,
Votre âme conservait, ô ma douce Marie,
Jusque dans ses transports sa divine harmonie,
La grâce, la candeur, la pudique beauté,
Et, don plus rare encor, la simple dignité.
Vous n'êtes pas, amie, une femme coquette,
Dont la vertu périt après une défaite :
Noble fille, luttez comme un brave soldat,
Qui, sanglant, se relève, et retourne au combat.

MARIETTE.

En vérité, Monsieur, votre zèle est sublime !
Quand vous avez poussé le pécheur dans l'abîme,
Pour lui tendre la main il est un peu trop tard.
Est-ce un dessein profond, ou l'effet du hasard,
Votre conversion ressemble à la prudence :
Vous craignez de mon cœur la lâche défaillance;
Car si le désespoir mettait fin à mes jours,
Le remords troublerait vos nouvelles amours.

ALBERT.

Je n'ai plus qu'un amour, mais un amour immense,
Pour la patrie en deuil, pour notre pauvre France.
Pour elle au champ d'honneur j'ai répandu mon sang;
Pour elle je suis prêt encore au dévouement.
Dans le malheur public j'ai retrempé mon âme.

MARIETTE.

Bien vrai? Vous n'aimez pas, Albert, une autre femme?
Vous êtes trop loyal pour vouloir me tromper :
Mais alors, mon ami, pourquoi nous séparer ?

ALBERT.

Il faut nous prémunir contre notre faiblesse.
Des sens la volonté n'est pas toujours maîtresse;
Marie, on ne doit pas jouer avec le feu.

MARIETTE.

Hélas! pour mon malheur, je le sais trop. Mon Dieu,
Victime résignée au cruel sacrifice,
Je ne refuse pas de boire le calice.
Mais, seule désormais dans ce monde désert,
Que vais-je devenir loin de vous, mon Albert?
Ami, conseillez-moi.

ALBERT.

Retournez au village.
Comme le passereau, maltraité par l'orage,
Sous l'aile maternelle allez vous abriter.

MARIETTE.

Dans cet asile saint que n'ai-je pu rester?
Le bonheur était là.

ALBERT.

Quand votre âme assouvie,
Pleine d'un vague effroi, jetait sur votre vie,

Autrefois si paisible un regard attristé;
Souvent, les yeux en pleurs, vous m'avez raconté,
Et j'en ai dans mon cœur gardé la souvenance,
Dans quelle heureuse paix s'écoula votre enfance.

MARIETTE.

O souvenirs amers! Qui me rendra jamais
De cet âge béni l'innocence et la paix!
Lorsque je franchirais le seuil de ma chaumière,
Oserais-je affronter les regards d'une mère?
Elle comprendrait tout, à mon premier baiser.
Il me faudrait mentir : pour ne pas la briser,
Je dois, en souffrant seule, épargner sa vieillesse,
Que ne puis-je avouer ma honte sans faiblesse!
Que ne puis-je, en frappant la terre de mon front,
Sans la faire mourir lui demander pardon!

ALBERT.

La mère a dans le cœur des trésors de tendresse,
Son instinct est souvent plus sûr que la sagesse.
Elle saura trouver, pour guérir son enfant,
Le remède efficace et le mot consolant.
Ah! si la mort trop tôt ne m'eût ravi ma mère!
Elle seule savait dompter mon caractère,
A mes vagues instincts donner un aliment,
Et de mes passions calmer l'emportement.
Elle m'aurait appris à faire un bon usage
Des biens que j'ai reçus deux fois en héritage;
Je n'aurais pas perdu dans l'orgie et les jeux
Le suprême bonheur de faire des heureux.
La fortune corrompt celui qu'elle possède :
Mais à côté du mal Dieu plaça le remède;
Je demande au travail l'apaisement du cœur.

MARIETTE.

Vous étiez riche, Albert?

ALBERT.

          Oui, j'avais ce malheur.
Vous l'avez ignoré. Ma funeste richesse
Du moins n'a pas blessé votre délicatesse :
Jaimais l'or, qui corrompt aussi la pauvreté,
De votre noble cœur n'offensa la fierté.

MARIETTE.

Je n'ai donc pas roulé jusqu'au fond de l'abîme,
Puisque ma faute même a forcé votre estime.

4

— Je me sens pénétrer par un souffle puissant !
C'est l'âme d'un héros ! Albert, vous êtes grand ;
Vous avez remporté la plus haute victoire :
Martyr du dévouement, j'aspire à votre gloire !
— Comme deux bons amis, nous allons nous quitter :
Albert, en vous perdant je veux vous mériter.
Plus forte, et sans jeter un regard en arrière,
Je vais chercher la paix sur le sein de ma mère.
— Donnez-moi votre main.

ALBERT.

Du courage, ma sœur.

Adieu.

MARIETTE.

Frère, au revoir dans un monde meilleur.

ACTE III.

(Une pièce dans l'appartement de Mme de Kerguélen.)

—

SCÈNE I.

LE MARQUIS DE LA NOUE, — Mme DE KERGUÉLEN.

LE MARQUIS.

Au risque de briser l'espoir de ma vieillesse,
Que j'ai tant caressé, j'ai vaincu ma faiblesse.
A remplir mon devoir j'ai longtemps hésité;
Enfin je vous ai dit toute la vérité.
Vous savez maintenant, Madame l'amirale,
Les risques à courir.

Mme DE KERGUÉLEN.

Oui, votre âme loyale
N'aura pas de remords, quoi qu'il puisse arriver.

LE MARQUIS.

Quoiqu'il soit un peu tard, vous pouvez reculer.
Pour dresser le contrat j'ai mandé mon notaire.
Réfléchissez encor. N'est-il pas téméraire
De s'embarquer ainsi, lorsque le ciel est noir,
Et les vents incertains?

Mme DE KERGUÉLEN.

Dieu seul peut le savoir.
On a beau s'embarquer par des vents favorables,
Sous les flots sont cachés des écueils redoutables;
Le danger nous attend.

LE MARQUIS.

On peut le pressentir.

Mme DE KERGUÉLEN.

Non. Le passé n'est pas garant de l'avenir.

LE MARQUIS.

Sans doute; chaque jour nous en voyons la preuve.

Mme DE KERGUÉLEN.

Votre neveu, Marquis, est sorti de l'épreuve
Qui fait, bon ou mauvais, un homme de l'enfant.
Où beaucoup sont vaincus, Albert est triomphant.

LE MARQUIS.

Les femmes, m'a-t-on dit, réservent leur tendresse
A ces charmants vauriens. Pour moi, dans ma simplesse,
Je n'ai jamais compris cette étrange faveur,
Ni du cœur féminin sondé la profondeur.
Mais tout est pour le mieux. Du moment qu'une mère,
Qui sans doute est experte en pareille matière,
Offre son patronage, et plaide avec succès,
Mon coquin de rechef a gagné son procès.
— Si, malgré notre amour, nos familles brouillées
N'ont pas voulu jadis unir nos destinées,
Du moins nous pourrons voir nos enfants, plus heureux,
S'épouser librement et s'aimer sous nos yeux.
Puis, autour du vieux tronc, que la sève abandonne,
S'élèvera bientôt, verdoyante couronne,
Une postérité d'arbustes vigoureux,
Qui prendront à leur tour la place des aïeux.
Je me sens rajeunir. Quoique célibataire,
Je serai donc aussi choyé comme un grand-père !

Mme DE KERGUÉLEN.

La justice du ciel devait à la vertu
Cette compensation pour le bonheur perdu.

LE MARQUIS.

Assez de sentiment. Parlons de notre affaire.
Vous avez résolu d'y rester étrangère :
J'ai donc, sans le secours de votre jugement,
Arrangé l'avenir du couple intéressant;
Et je l'ai fait, je crois, d'une façon prudente.
Je donne à mon neveu dix mille écus de rente,

Mais pas de capital. A la tentation
Je le dérobe ainsi; car sa conversion
Ne date pas de loin. Malgré votre confiance,
Il faut attendre au moins la grande expérience.

Mme DE KERGUÉLEN.

Marquis, vous avez fait les choses grandement;
Vous êtes généreux plus encor que prudent.

LE MARQUIS.

Ils auront à ma mort un superbe domaine.
Corbleu! Je n'épargnai ni mes soins ni ma peine
— Car c'est ma passion — pour le rendre meilleur,
Et j'ai depuis trente ans quadruplé sa valeur.
Mes comptes en font foi.

SCÈNE II.

Les Mêmes, — MARGUERITE.

(Marguerite en entrant va embrasser sa mère, et fait une révérence
au Marquis.)

LE MARQUIS.

Rien qu'une révérence?
(Marguerite lui donne un baiser sur les deux joues.)
Ça fait du bien au cœur. Depuis ma tendre enfance
J'en fus toujours sevré. Mais quel minois charmant!
Le scélérat n'est pas à plaindre en l'épousant.
Si près du jour fatal, gentille mariée,
Vous ne paraissez pas, ma foi, trop effrayée :
Pour savoir quels destins vous réservent les cieux,
Avez-vous consulté quelque devin fameux?

MARGUERITE.

Je ris de vos devins et de vos aruspices :
Pour croire à l'avenir j'ai de meilleurs auspices.
C'est Dieu qui dans nos cœurs fit naître l'amitié :
Si pour faire le bien nous étions de moitié,
Quand nous serons unis, par un égal partage
Nous jouirons toujours d'un bonheur sans nuage.

SCÈNE III.

Les Mêmes, — ALBERT.

LE MARQUIS.

Ah ! coquin de neveu, tu viens fort à propos.

MARGUERITE (à voix basse).

Aurait-il entendu ?

ALBERT.

Seulement quelques mots.

LE MARQUIS.

Sur ton compte on glosait de la bonne manière.

ALBERT.

Un juge au moins, sur trois, n'a pas été sévère.

LE MARQUIS.

Et tu sais bien lequel.

ALBERT.

Oui, mais je suis discret.

(A Marguerite.)
Que disiez-vous de moi ?

MARGUERITE.

Monsieur, c'est mon secret.

LE MARQUIS.

Quel tableau ravissant ! — Je n'ai plus le courage
De vivre désormais, là-bas, comme un sauvage ;
Et nous habiterons ensemble, mes amis,
L'été dans ma Bretagne, et l'hiver à Paris.
Essayez-moi d'abord. Si les glaces de l'âge
Jettent, mes chers enfants, du froid dans le ménage,
Je ferai mon paquet.

ALBERT.

Mon oncle, y pensez-vous ?
Vous doublez vos bienfaits en restant avec nous.

LE MARQUIS.

D'ailleurs, de mon côté, je veux mettre les chances :
Pour la lune de miel vous aurez des vacances ;

Je garnirai la bourse. Ah ! ma foi, tous les jours
On ne fait pas un nid pour de jeunes amours.

SCÈNE IV.

Les Mêmes, — CHARLOT, (domestique du marquis).

CHARLOT.

Le notaire...

Mme DE KERGUÉLEN.

Au salon il faut le faire entrer.
— On vous appellera, mes enfants, pour signer.

LE MARQUIS.

Allons instrumenter, Madame l'Amirale.
— Ils ne vont pas rester muets dans l'intervalle.
Sur les dettes du cœur, peut-être est-il permis,
Par anticipation...

Mme DE KERGUÉLEN.

A votre âge, marquis,
Vous ne devriez plus faire l'enfant terrible.

LE MARQUIS.

A mon âge, ma chère, on est incorrigible.

SCÈNE V.

ALBERT, — MARGUERITE.

ALBERT.

Jusqu'ici, Marguerite — est-ce imprudent ou sage ? —
Nous n'avons jamais dit un mot du mariage.

MARGUERITE.

Nous pouvons réparer sur le champ cet oubli.
Interrogeons-nous donc avant le fameux *oui;*
Et, pour ne pas trembler, lorsque Monsieur le Maire
Prononcera demain la formule ordinaire,
Sur ce grave sujet causons tranquillement.

ALBERT.

Oui, je veux et je dois m'expliquer franchement.
— Nos parents ont pensé pour nous : leur prévoyance
A tout fait, tout conduit, comme la Providence;
Ils ont secrètement aplani le chemin.
Marguerite, aujourd'hui je bénis leur dessein;
Mais après mon passé, j'aurais cru téméraire
D'aspirer au bonheur.

MARGUERITE.

Et je n'y pensais guère,
Je le dis à mon tour. Au-delà du présent
Je n'osais pas porter ma vue.

ALBERT.

Et maintenant?

MARGUERITE.

Albert, de tout mon cœur j'obéis à ma mère.
Et vous?

ALBERT.

De tout mon cœur j'obéis à mon père.

MARGUERITE.

Alors nous dirons *oui.*

ALBERT.

Vous m'aimez donc un peu?

MARGUERITE.

Je vous aime beaucoup. Mais comme cet aveu
Pourrait bien sous les mots cacher quelque surprise,
Je veux et dois aussi parler avec franchise.
— Ce que j'éprouve, Albert, n'est pas ce sentiment
Qu'une femme toujours avoue en rougissant.
Vous l'appelez *amour.* Parfois dans mes lectures,
Sous les yeux maternels j'en ai vu des peintures :
Mystère mal compris de mon cœur ignorant,
Je ne sais s'il existe en dehors du roman;
Je ne le connais pas. Mais pour vous dans mon âme
Je sens de l'amitié la noble et chaste flamme.
N'exigez rien de plus : calme, sans passion,
De la femme ici-bas je comprends la mission;
Voyant comme elles sont les choses de la vie,
Dans la réalité je mets la poésie;
Et, sans me renfermer dans l'étroite prison,
Je tâche d'accorder le cœur et la raison.

De ma chaîne affranchie aux heures solitaires,
Je ne poursuis jamais d'enivrantes chimères.
Pour une âme rêveuse, immobile miroir,
L'idéale beauté, pour moi, c'est le devoir :
A chaque heure du jour c'est accomplir sa tâche;
C'est donner d'une main sans que l'autre le sache,
Augmenter les bienfaits en prévenant les vœux,
Et s'oublier soi-même en faisant des heureux.
Mais surtout c'est aimer le pauvre, notre frère,
C'est verser devant Dieu son cœur dans la prière,
Courber sa volonté sous la divine loi,
Et, faible vermisseau, ne jamais dire : moi !
— Voilà mes sentiments, et voilà mes croyances :
Si vous ne portez pas plus haut vos espérances...

ALBERT.

Que peut-on désirer au-delà du bonheur?
Pourtant je vais risquer de perdre votre cœur.
— Après de longs combats, aujourd'hui, Marguerite,
J'ai peut-être à vos yeux acquis quelque mérite.
Hélas! votre innocence ignore le danger
Que la jeunesse court dans cet ardent foyer
De vices, de vertus, où l'on voit les extrêmes
Se coudoyer partout; le doute, les blasphèmes,
La foi, le dévouement; l'or qui corrompt; la faim
Qui vend l'âme et le corps; dans ce Paris enfin,
Que le bien et le mal, dans leur lutte éternelle,
Semblent avoir choisi pour vider leur querelle.
Riche pour mon malheur, libre, seul, orphelin,
Si je n'ai pas toujours suivi le bon chemin...

MARGUERITE.

Je ne veux rien savoir du passé; votre vie
Ne commence pour moi qu'à cette heure bénie,
Où je vous rencontrai, tout émue, au chevet
D'un ouvrier blessé : le reste est un secret
Qui ne m'appartient pas, et dont vous devez compte
A Dieu seul.

ALBERT.

Oh! merci, vous effacez ma honte.

MARGUERITE.

Et je veux faire plus encor. — Mon pauvre Albert,
Mon instinct m'avertit que vous avez souffert.
Mes soins endormiront, ami, votre souffrance.
Derrière nous l'oubli, devant nous l'espérance,
L'un sur l'autre appuyés, fermes dans le devoir,
Et du jour bien rempli nous reposant le soir,

Nous poursuivrons en paix notre pèlerinage.
Homme de peu de foi, craignez-vous le voyage?

SCÈNE VI.

Les Mêmes, — THIBAUT.

THIBAUT.

Pardonnez-moi, Monsieur. Je viens à contre-temps,
Vous troubler jusqu'ici dans ces précieux instants.
C'est une femme en deuil, qui paraît malheureuse;
Elle a sonné chez vous.

MARGUERITE.

Quand notre âme est joyeuse,
Nous doublons notre joie en calmant la douleur,
Et dans les grands périls cela porte bonheur.

ALBERT.

Vous ne pensez jamais à vous qu'après les autres.

MARGUERITE.

Les affaires d'autrui passent avant les nôtres.
Il faut la faire entrer ici, brave Thibaut.

(Thibaut sort.)

Recevez-la, Monsieur.

ALBERT.

Et vous?

MARGUERITE.

Moi, s'il le faut,
Je serai de moitié dans l'œuvre fraternelle.
Mais je vais vous laisser d'abord seul avec elle.

(Elle sort).

SCÈNE VII.

ALBERT (seul).

L'étoile est disparue, et sa douce clarté
N'éclaire plus la nuit de mon cœur attristé.
— Il me semble rêver. Charmante créature !
Céleste vision ! Pour la terre trop pure,

Elle appartient au ciel, et sa perfection
M'inspire le respect plus que la passion.
Le bonheur serait là, si la pauvre Marie
Toujours comme un remords ne pesait sur ma vie.
— J'ai des pressentiments. — Tout est troublé, confus;
Quand je descends en moi, je ne me connais plus.

SCÈNE VIII.

ALBERT, — MARIETTE.

MARIETTE (vêtue de deuil et voilée).

Ah! mon cœur bat trop fort — pardonnez ce mystère. —
Vous croyez recevoir, Albert, une étrangère.
   (Elle lève son voile.)

ALBERT.

Malheureuse, c'est vous!

MARIETTE.

       Je viens à mon ami,
Lui conter mes chagrins et pleurer avec lui.
Albert, c'est une sœur qui s'adresse à son frère.
Hélas! Je n'ai que vous désormais sur la terre
Qui connaisse mon cœur, et sache compatir
A mes secrets ennuis sans me faire rougir.

ALBERT.

Mon Dieu, que dites-vous, Marie? Et votre mère?

MARIETTE.

Elle n'habite plus ce séjour de misère.
Que n'ai-je pu la suivre en un monde meilleur !
Dieu ne veut pas de moi. Sans doute le malheur
N'a pas encore assez purifié ma vie.

ALBERT (avec embarras).

Je m'intéresse à vous, croyez-le bien, Marie.
Mais, hélas! pour causer avec moi librement,
Vous avez mal choisi le jour et le moment.

MARIETTE.

Qu'entends-je? Quel air froid ! N'êtes-vous plus mon frère?

ALBERT.

Je vous aime toujours. Mais une grave affaire
Absorbe mon esprit.

MARIETTE.

                    Loin de vous, cher Albert,
Vous ne saurez jamais tout ce que j'ai souffert.

ALBERT.

Nous causerons plus tard. Quelle est votre demeure?

MARIETTE.

Je n'en sais rien encor. J'arrive tout à l'heure.
Comme un vase trop plein, mon âme débordait,
Et je suis accourue. Ah! j'ai bien du regret!
— Quand ma mère était là, sa tendresse discrète,
Devinant de mon cœur la blessure secrète,
Arrêtait un aveu tout prêt à s'échapper,
Me forçait à sourire, et m'aidait à pleurer.
Mais depuis que la mort —

CHARLOT (entr'ouvrant la porte).

                    Monsieur, on vous demande.

ALBERT.

(A part.)
C'est une lâcheté. —

            (Haut.)
                    J'y vais. Que l'on m'attende.

MARIETTE.

Que vous disais-je donc? — Ah! oui, j'ai bien souffert!
Dans le sein maternel, tant qu'il me fut ouvert,
Je trouvais un refuge; et, sans remplir ma vie,
Un souvenir trop cher berçait ma rêverie.
J'aurais pu vivre ainsi : mais après que la mort,
Comme un vent de tempête eut brisé mon support,
Je ployai sous le poids de ma douleur muette,
Et sous l'expiation je dus courber la tête.
Jusqu'alors contenus, les regards ennemis
Laissaient tomber sur moi la haine et le mépris.
Au foyer paternel, dans les champs, dans la rue,
Chacun jetait la pierre à la femme déchue.
Le dimanche, à l'église, on me montrait au doigt;
Comme d'une maudite on s'éloignait de moi.
Je sentais la rougeur me monter au visage,
Et, sans lever les yeux, je dévorais l'outrage.

Le pauvre, tout honteux de partager mon pain,
Sans me dire merci poursuivait son chemin;
L'enfant, qui m'attirait par un charme ineffable,
Me jetait en passant le mot impitoyable.
J'ai supporté l'épreuve, Albert, sans en mourir;
Je pensais à l'absent, pour m'aider à souffrir.
Hélas! Ce n'est pas tout. Maudite, repoussée,
Je n'étais qu'un fardeau : mon père m'a chassée!

ALBERT.

(A part.)
Je n'avais accompli qu'à moitié mon devoir.
(Haut.)
Comptez sur votre ami, Mariette. Au revoir !
Je crois que le malheur est las de vous poursuivre;
Oubliez le passé, recommencez à vivre.
Vous avez trop longtemps vécu dans la douleur;
Désormais vous pouvez espérer le bonheur.

MARIETTE.

Il n'est pas fait pour moi. Dans la lutte suprême,
J'ai triomphé de tout, excepté de moi-même.
Je ne veux pas tromper l'ami trop confiant.

ALBERT.

Grand Dieu! Que dites-vous?

MARIETTE (troublée).

Albert, on vous attend.

ALBERT.

Eh bien, ils attendront. Expliquez-vous, Marie.

MARIETTE.

Ah ! la terrible épreuve est loin d'être finie.
Ami, défendez-moi; soyez mon protecteur.

ALBERT.

Quel danger? — Contre qui?

MARIETTE.

Contre mon propre cœur.
Oui, je voudrais en vain vous cacher ma faiblesse :
Albert, je suis vaincue; et, malgré ma promesse,
Les pleurs que j'ai versés, les efforts que j'ai faits,
Je vous aime toujours — comme je vous aimais.

SCÈNE IX.

Les Mêmes, — LE MARQUIS.

LE MARQUIS (sans voir Mariette).

Il faut donc arborer la croix et la bannière,
Pour vous faire venir ?

ALBERT.

Renvoyez le notaire.

LE MARQUIS.

Misérable ! Tu dis...
(Reconnaissant Mariette.)
Infâme trahison !
C'est encor cette femme ! Horreur ! Malédiction !

MARIETTE (pâlissant).

Albert !... Adieu !... je meurs.
(Elle s'évanouit.)

ALBERT (la soutenant dans ses bras).

Du secours ! — Mariette

LE MARQUIS.

Emporte-la d'ici sans tambour ni trompette.
Evite au moins l'esclandre.

ALBERT.

Ayez pitié de moi.

LE MARQUIS.

C'est une comédie. Emporte-la chez toi,
Et puis... qu'elle aille au diable ensuite.

ALBERT.

Mariette !
Ouvrez les yeux, c'est moi.

LE MARQUIS.

Dupe d'une coquette !
Vous êtes un grand sot.

SCÈNE X.

Les Mêmes, — Mme DE KERGUÉLEN, — MARGUERITE.

Mme DE KERGUÉLEN.
Que s'est-il donc passé?

MARGUERITE.

Ne l'interroge pas. Courons au plus pressé.
(Elle s'approche de Mariette.)

LE MARQUIS.

L'ange auprès du démon!

Mme DE KERGUÉLEN.
Ah! Marquis!

MARGUERITE.
Son visage
A repris des couleurs. — Elle revient. — Courage!
Peut-être le besoin...

MARIETTE (ouvrant les yeux).
Où suis-je?
(Apercevant le marquis.)
Oh! ce vieillard!

(Elle referme les yeux.)
Albert, il me fait peur. — Cette voix... ce regard...

Mme DE KERGUÉLEN.

Mon Dieu, la pauvre enfant!

LE MARQUIS.
Madame, cette fille
De son contact impur souille votre famille.
La drôlesse aux aguets apprend que son amant
Allait se marier : pour avoir de l'argent,
Elle fait une scène; elle connaît son rôle,
Et tombe en pâmoison, fort bien, sur ma parole.
C'est une fine mouche.

ALBERT.

Arrêtez, il est temps!
Par le sang des La Noue, et par vos cheveux blancs,

Vous êtes protégé, Monsieur; mais, sur mon âme,
Si vous osez encor outrager cette femme,
Je ne réponds de rien.

LE MARQUIS.

Pour couronner la fin,
Il ne vous manque plus que d'être un assassin.

MARGUERITE (s'avançant entre les deux).

La paix soit avec vous !

LE MARQUIS.

Un mot de votre bouche
Suffit pour adoucir l'homme le plus farouche.

MARGUERITE (à Albert).

Aimez-vous cette femme, Albert?

ALBERT.

Depuis longtemps
Je tâchais d'oublier mon amour.

MARGUERITE.

Je comprends.
Vous devez l'épouser.

Mme DE KERGUÉLEN.

Ma pauvre Marguerite !

LE MARQUIS.

Le monstre, en la perdant, aura ce qu'il mérite.

ALBERT (à Marguerite).

Votre conseil s'accorde avec ma volonté :
C'est un arrêt du ciel par un ange apporté.
(A Mariette, qui se couvre le visage de ses mains.)
Approchez-vous, Marie — O Dieu! comme elle tremble !
Donnez-moi votre main, et bénissons ensemble
La vertu qui s'oublie en conseillant le bien.

MARGUERITE.

J'accomplis mon devoir.

ALBERT.

Et je ferai le mien.

MARIETTE.

Moi, je n'accepte pas ce double sacrifice.
C'est à moi d'expier, et je me rends justice.

(Regardant le marquis de La Noue.)
J'ai mérité mon sort, mais non pas le mépris.
Albert ne me doit rien : il ne m'a rien promis.

LE MARQUIS.

Grand Dieu! Qu'ai-je entendu? Pardon, Mademoiselle!
De mon dernier espoir la blessure mortelle
M'avait troublé l'esprit : dans mes emportements,
J'ai lâché contre vous des propos outrageants.
Vous avez le cœur noble, et cette indigne offense,
Je saurai l'effacer par ma reconnaissance.
Oui, de votre avenir je prends sur moi le soin.

MARIETTE.

Comment l'entendez-vous, Monsieur? — Ah! j'ai besoin
De le savoir... parlez. — Est-ce un nouvel outrage?

LE MARQUIS.

Je me suis fourvoyé; je suis un vrai sauvage.
Où diable la vertu va-t-elle se nicher?
Sur les charbons ardents je ne sais pas marcher;
Et, pauvre campagnard...

MARIETTE.

          Vous êtes excusable,
De ne pas respecter une fille coupable.
Si le pauvre savait garder sa dignité,
Le riche moins souvent blesserait sa fierté.
— Je ne peux pas ici raconter mon histoire :
Ma seule ambition est de vous faire croire
Que mon amour est pur et désintéressé,
Que jamais au calcul il ne s'est abaissé,
Qu'il n'a rien de commun avec la fourberie,
Qu'enfin je ne sais pas jouer la comédie.
— Quand je vins à Paris, pour aider mes parents,
J'étais bien jeune encor, je n'avais que seize ans.
Un jour il me parla : depuis ce jour je l'aime,
Et je ne n'ai plus pensé, ni vécu pour moi-même.
Je ne m'informai point de sa condition;
Pour moi c'était Albert, j'ignorais l'autre nom.
Lorsque plus tard j'appris son rang et sa naissance,
Ne devant qu'au travail ma chère indépendance,
Ma modeste toilette, et mon repas frugal,
Dans celui qui m'aimait je ne vis qu'un égal.
— Je pars — c'est pour toujours. — Je retourne au village,
Résignée à souffrir la douleur sans partage.
Sous le tertre fleuri ma mère attend là-bas.
Là, l'éternel repos...

ALBERT.

Vous ne partirez pas.
Marie, à mon bonheur vous êtes nécessaire;
Et vous me sauverez du désespoir.— Mon père,
Bénissez vos enfants.

LE MARQUIS.

Vous êtes fou. Corbleu !
Je le deviens aussi, je crois, dans ce milieu.
Le monde renversé !— Cette fille ! un La Noue!
Je souffrirais plutôt un soufflet sur ma joue.
Je m'enfuis.

MARGUERITE.

Halte-là. Vous êtes prisonnier.

LE MARQUIS.

La beauté retenait jadis un chevalier
Par des chaînes de fleurs : dans ce siècle vulgaire,
De la chevalerie on ne s'inquiète guère

(Il fait mine de s'en aller.)

MARGUERITE (le retenant).

Il faut payer rançon.

SCÈNE XI.

Les Mêmes, — DELORME.

(Delorme entre comme un furieux, le chapeau sur la tête, heurte vio-
lemment le Marquis en passant, et court embrasser Albert.)

LE MARQUIS.

Quel est cet Ostrogoth?

MARGUERITE.

Vous ne devinez pas, à la barbe, au chapeau,
Un artiste?

LE MARQUIS.

Autre fou.

DELORME (à Albert).

Victoire! ami, victoire!
J'arrive d'Albion tout rayonnant de gloire.
J'ai le premier grand prix pour ma *Création*,
Un chef-d'œuvre, d'après votre inspiration.
— J'ai brûlé mes vaisseaux. — Je vous dois cet hommage,
O maître vénéré!

(Il dépose sa médaille d'or aux pieds d'Albert.)

LE MARQUIS.

Ces gestes... ce langage...
Prenez garde! Peut-être est-ce un fou dangereux.

MARGUERITE.

Je ne m'inquiète pas.

ALBERT.

Mon cher, je suis heureux
Du triomphe éclatant... Mais vous voyez —

DELORME (saluant pour la première fois la compagnie).

Je gage,
Qu'il se mitonne ici, cher maître, un mariage.

MARGUERITE.

Vous avez deviné, Monsieur. — Un conquérant,
Le front ceint de lauriers, doit être tout puissant.
Aidez-nous à fléchir de cet oncle inflexible
La raison obstinée.

DELORME.

Il est donc bien terrible!
C'est une exception. Quoi! Monsieur le Marquis
Au couple fortuné refuse le permis!
Vous ne savez donc pas? Albert fait des miracles.
L'esprit des anciens temps rend encor des oracles
Par sa bouche, Monsieur. C'est un sage, un héros,
Un grand réformateur!

LE MARQUIS.

Corbleu! j'ai froid aux os.
J'ai besoin de humer l'air pur de la campagne,
Et je pars dès ce soir pour ma chère Bretagne.
Fais mes malles, Charlot.

ALBERT.

Mon oncle, écoutez-moi.
J'obéis à l'honneur : c'est aussi votre loi.

Vous qui savez unir, dans un grand caractère,
L'austérité du juge et la bonté du père,
Par la voix qui pardonne et la main qui bénit
Consacrez un amour que l'épreuve ennoblit.
Faites, en m'approuvant, ce qu'aurait fait ma mère.
— Vous avez beau montrer un visage sévère;
Je connais votre cœur, il ne peut pas garder
Un amer sentiment : il a besoin d'aimer.
Nous vous aimerons bien : une douce habitude
Remplacera pour vous la morne solitude.
Ah! laissez-vous aimer!

LE MARQUIS (essuyant une larme).

      Je vois bien qu'il le faut.
Je suis pris par le cœur, toujours, comme un nigaud.
Le coquin fait de moi tout ce qu'il veut : je pense
Qu'il sait m'ensorceler. Quelle maudite engeance !

CHARLOT.

Et vos malles, Monsieur?

LE MARQUIS.

      Nous partirons plus tard.
  (A Mariette).
Eh quoi! vous évitez mon terrible regard.
Allons, n'ayez pas peur. Embrassez-moi, ma nièce :
Vous avez aujourd'hui conquis votre noblesse.

FIN.